Grigori Pet

Las enseñanzas de Grigori Grabovoi
acerca de Dios

CONTROL DE OBJETIVOS

Seminario creado por Grigori Grabovoi el 21 de diciembre
del 2004

2019

Grigori P. Grabovoi
Las enseñanzas de Grigori Grabovoi sobre Dios. Control de objetivos.
Instituto de Ciencia y Filosofía de GG, 2018 -23 páginas.

El texto del trabajo fue creado por primera vez por Grigori Petrovich Grabovoi, durante su seminario el 21 de diciembre de 2004. Al crear el seminario, se aplicó el método de desarrollo eterno con el pronóstico exacto de eventos futuros. Validación al 100% de las previsiones realizadas por Grabovoi G.P. ha sido probado por los protocolos y testimonies, publicados en una edición de 3 volúmenes "Practica de control". El camino de la salvación". Al crear el texto del seminario, Grabovoi G.P. primero tenía un pronóstico preciso de los eventos futuros y luego creó un texto que ensenaba a todos el desarrollo eterno, con la debida consideración de los eventos específicos del futuro, concernientes a cada persona y al mundo entero.

Todos los derechos reservados. Ninguna parte de este libro puede reproducirse de ninguna forma sin el permiso por escrito del propietario de los derechos de autor.

GRABOVOI®
GRIGORI GRABOVOI®, 2019

21 diciembre del 2004

Hola. El tema del seminario de hoy es "Las enseñanzas sobre Dios. Control de objetivos.

En este tema, le mostrare como el objetivo que creaste, por ejemplo; como el comienzo del control, este objetivo debe ser controlado y como se debe llevar al nivel de concentración etc. Es decir, los métodos de este seminario se extienden a cualquier objetivo que hayas creado, principalmente en la forma del objetivo de control. Por lo tanto, en este tema y en esta tarea, es necesario considerar el estado del Alma, es decir, en términos generales, como reacciona tu Alma al objetivo. Para esto, es necesario identificar el movimiento del Alma con relación a ti.

Así como, por ejemplo, el hombre aspira a Dios, así también el Alma tiene un movimiento hacia ti, incluido tu cuerpo físico. Por lo tanto, cuando consideras el objetivo de control en este caso, primero debe mostrarse, en general, el estado practico de su Alma al nivel de Dios, es decir, como Dios percibe tu Alma, y a través de la visión de Dios, a través de la acción de Dios, trate de salir al nivel del control del sistema. Es decir, el estado de control, aquí es que de hecho tenemos, el nivel de tareas globales, ¿sí? Viniendo de Dios, el nivel de interacción entre Dios y tu Alma. Es decir, debes visualizar esta área de interacción.

Entonces deberías ver como ocurre la proliferación de algunos sistemas físicos en el mundo, es decir, para ver donde Dios implementa los sistemas físicos, por ejemplo, las formas de sonido, las formas de algunas interacciones de la materia. Y, aun así, puedes ver como Dios, en general, detalla algunos procesos de intercambio. ¿sí? Por ejemplo, los procesos de tu interacción con algunos elementos de la realidad. Es decir, profundizas en el sistema, donde Dios interactúa con tu Alma, de hecho.

Y cuando comienzas a conocer este nivel, a ver la profundidad de este proceso, es decir, donde tu Alma es tan profunda que alcanza la acción de Dios y donde reconoce a Dios, ¿sí? Entonces comienzas a ver que el pensamiento de tu Alma, es decir, el pensamiento exacto o la forma sana de interacción entre tu Alma y la realidad externa, es el nivel de la implementación tuya como personalidad. Y tú objetivo se determina inicialmente no solo, por ejemplo, por algún motivo personal, ¿sí? Aquí es necesario ver el motivo externo del objetivo.

Es decir, si el hombre está en alguna habitación, entonces tiene el motivo del objetivo, debido al hecho de que también está en la habitación: Él debe dejarla, ¿sí? O ir a la siguiente, y pronto. Es decir, existen, por así decirlo, las estructuras externas que son completamente específicas. Por lo tanto, definir sistemas específicos es también la acción de Dios. Porque si consideramos, supongamos, la acción del estado del Alma de Dios, porque Dios, generalmente, creó algún sistema lineal, el espacio, algunas conexiones, y movimientos - En orden para que se especifique el objetivo que se ha identificado.

Si nos reunimos en un lugar, entonces está claro que este lugar esta designado. Bueno, este es, por ejemplo, una de las posiciones en esta tecnología. Por lo tanto, cuando hablamos del control de objetivos, necesitamos que entiendas como tu sistema personal interactúa, en términos generales, en el estado en el que te encuentras. Ese es el objetivo: En cualquier combinación de eventos, el hombre debe tener un desarrollo eterno; por lo tanto, debes poder elegir el estado de tu acción en esta combinación. El estado de la acción puede ser muy diferente, ese puede ser un uno local, prolongado, pero debe ser inequívoco, llevándote exactamente a la vida eterna, al desarrollo eterno, y lo que es más, en el cuerpo físico.

Por lo tanto, al igual que Dios, toma las tareas de tu alma y las implementa en forma de espacio-tiempo, con el fin de concretar el objetivo y dirigirla a la ejecución, ¿sí? El desempeño de la administración, debes poder dirigir una constante espacial-temporal que Dios visualiza frente a ti, para dirigir esta constante a la implementación del objetivo universal una, ¿sí? como local uno. Esa es, por ejemplo, una situación simple: Ahí existe una cierta puerta, ¿sí? Hagámonos una pregunta: suponga que es un elemento abstracto de la realidad: ¿cuál es el objetivo de la puerta? Es simplemente una pregunta tan abstracta: bueno, por ejemplo, abrirla. Es decir, comenzamos a movernos para controlarla: la puerta abierta, consecuentemente, no hay necesidad de abrirla, ¿sí? Tenemos paso libre, etc.

Entonces, empezamos a interactuar con muchas cosas. ¿Por qué el mundo se está expandiendo y el número de cosas está aumentando? Porque hay un control más estable para el objetivo de esforzarse por Dios: Para hacer lo que Dios hace, y resulta que el numero aumenta. El aumento en el nivel cuantitativo es la característica con que puedes crear algún sistema de la realidad, sin suponer la recuperación de información externa. Y para este objetivo es necesario tomar y especificar el objetivo, es decir, hacer que el objetivo sea tan concreto, para que la información que tiene en él, es decir, obtendríamos el control por sí mismo. o, digamos, la materia de la super concentración o, puedes decir, la energía, es suficiente para el control, y así sucesivamente. De hecho, eso es, simplemente, el estado de la personalidad, de quien lo está desarrollando. Entonces, te estas desarrollando en la estructura de tu propio futuro, ¿no es así?

Es decir, nos acercamos al sistema de nuestro propio futuro real, de esta manera. Resulta que tenemos un desarrollo futuro como un sistema de objetivos casi futuros, donde ya comenzamos a visualizar el futuro. Es decir, el futuro es tan real, por ejemplo, como el presente -la hora actual-. Porque, en mayor medida, el objetivo se establece en relación con los eventos futuros, además, si se establece en el pasado, como un axioma, obviamente ello es claro para todos: Estamos hablando del hecho de que los resultados se obtendrán en el futuro, ¿sí? Durante bastante tiempo. Por lo tanto, resulta que trabajamos todo el tiempo con la facción del futuro.

En consecuencia, el objetivo debe ubicarse como si estuviera en el espacio de eventos futuros. Entonces, la ubicación de este control debe ser tal, que, en la práctica, tenga que identificar el sistema de desarrollo universal en tu objetivo local, ya que claramente puede decir inmediatamente que es correcto, tu objetivo se cumple, si, por ejemplo, existe. En la Tierra, no hay posibles catástrofes globales, y así sucesivamente. La interacción con un nivel macro, ¿sí? Debe definirse exactamente como el objetivo de control externo. Porque después de todo, te mueves alrededor de la Tierra, te mueves cuando la Tierra existe.

Por lo tanto, resulta que el control externo debe estar muy claramente vinculado al nivel de la implementación, exactamente por la implementación tecnológica del cumplimiento del objetivo. ¿Por qué a menudo digo que los administradores de control deben recordarlo? Incluso, tal vez, lógicamente, que aun, es necesario; primero que hagas la macro salvación, controlar la macro salvación, es decir, asignar un fragmento, visualizarlo especialmente. Y luego resolver mi problema como tarea personal. Porque, por supuesto, se sabe a priori que en mis Enseñanzas en cualquier caso se cumple: La salvación macro, rescatar a todos y personalmente a cada hombre, y al mismo tiempo todavía debemos identificar aquí un objetivo más común, incluido el objetivo social. Es decir, cuando la gente lo haga. Es decir, aún debe ver qué y como lo hace la gente en este contexto de macro salvación. Y cuando, por ejemplo, el hombre lo hace incondicionalmente, entonces él, cuando se involucra, se acostumbra a que realmente sucede. Y eso es cierto y comprensible, porque cualquier acción se realiza a través de la regulación macro.

Y aquí hemos llegado a este nivel de que existen algunas leyes objetivas que simplemente existen y que deben ser estudiadas. ¿A dónde va la selección o, en general, la aparición de esta fracción de macro regulación en la acción? Es decir, si somos capaces, y debemos hacerlo, en cualquier caso, de transferir la macro regulación al sistema de implementación del objetivo, entonces obtenemos el objetivo ya controlado en la dinámica. Es decir, las estadísticas de control como tales, que casi todos los procesos de regulación macro ya se desbordan en el espacio de los eventos objetivo. En este caso, la acción de control y básicamente, por así decirlo, la acción externa, o tu acción allí, todas estas acciones se entrecruzan en el sentido de que el objetivo comienza a lograrse.

Aquí empezamos a ver que, para el control, también es necesario determinar el comienzo del objetivo, tal como Dios lo hace. Aquí, para Dios, ¿dónde está el origen de su objetivo? - Si para hacer esa pregunta, Él siempre tiene un nivel infinito de desarrollo. Por lo tanto, el hombre tiene un objetivo similar: Necesita identificar claramente el comienzo del objetivo, aunque es más natural para el hombre, por así decirlo, existen relaciones de causa y efecto, y se puede considerar que el principio del objetivo, por ejemplo, está en algún lugar aquí, en alguna área asociada con el día, mes o evento, o espacio, ¿sí? Con un valor especifico. Es decir, si dibuja una línea, entonces hay un numero especifico en la regla, hay un comienzo.

Para Dios, el proceso se resuelve de otra manera: primero, Dios encuentra la conveniencia (viabilidad) de la acción en Su Alma, ¿sí? Es decir, la formación del objetivo es la conveniencia en el desarrollo universal de Dios, ¿sí? Y como Dios da conocimiento a todas las personas, entonces, en consecuencia, el conocimiento, el pensamiento debe ser, en general, como en la forma de un cierto esquema, transferido al nivel de su conocimiento. Quiero decir, tiene que ser, como, una especie de canal, ¿cierto? De alguna conexión, y prácticamente este nivel debería ser tal que el hombre debería ver claramente lo que Dios le ha dado, esa es su línea personal: Dios y hombre. El hombre debería verlo en tiempo continuo. Y este nivel de continuidad crea el comienzo del objetivo para Dios. Es decir, el comienzo del objetivo para Dios es el hombre en este caso.

Y cuando consideras un mayor control, entonces resulta que Dios prácticamente también se realiza a Si mismo, cuando el hombre se desarrolla eternamente, es decir, corresponde al objetivo de sí mismo, el desarrollo de Dios, ¿sí? Ese es el desarrollo eterno. Por lo tanto, el principio, incluso como el especifico y lineal, el principio es precisamente conocido, todavía tiene una macro naturaleza muy profunda, que es la naturaleza de la acción espiritual, la acción del Alma, el Espíritu, y la Consciencia humana.

Y cuando el hombre identifica la propia position verdadera, desde este punto de vista, desde esta posición en control, entonces uno comienza a ver que, en la práctica, en primer lugar, tratamos con nosotros mismos. Es decir, el hombre como si negociara consigo mismo a un cierto nivel, todo lo infinito que está incluido en su Alma, ¿sí? Como si fuera un control externo, es decir, el factor externo de la acción externa del Alma humana, o un estado externo con relación al hombre, al Alma humana, incluye todas las posiciones que acabo de decir. Es decir, estamos hablando del hecho de que el Alma interactúa en el nivel como si se tratara de procesos simples tanto profundos como manifiestos. Y cuando comienza a visualizar su Alma, resulta que determina la estabilidad de su propio objetivo.

Es decir, recibe el objetivo del Alma, definida en el espacio y el tiempo. El Alma hace tanto espacio como tiempo, como si se pliega - o a veces organiza el espacio, el tiempo, si ya está listo. Y luego resulta que realmente construimos la realidad de tal manera que deberíamos en primer lugar, sentir la simultaneidad, es decir, percibir de manera absolutamente clara la acción del cuerpo del Alma y, por ejemplo, en general, el hombre como tal, porque Dios habla generalmente sobre el hombre todo el tiempo, ¿sí?

Y cuando vemos el estado del hombre, que es un estado humano, el objetivo está más definido. Por lo tanto, está claro, que las personas deben ser pacíficas, deben desarrollarse creativamente. Porque cuando consideramos esta fracción del objetivo en cuestión, entonces el hombre no puede hacerse daño. Y así, resulta que, por cierto, en general, existe niveles, cuando el hombre no puede hacerse ningún daño a sí mismo. Por ejemplo, Dios: Él es eterno, no hace daño a nadie en ningún caso, ¿sí? Incluyéndose a Sí mismo. En consecuencia, la línea se muestra con bastante precisión en el control del objetivo, cuando el hombre, actuando en el desarrollo infinito hacia Dios, en cualquier caso, no se dañará a sí mismo. Es decir, el desarrollo hacia la acción de cómo actúa Dios y cómo muestra Dios significa, al menos, un desarrollo inofensivo, ¿sí?

Entonces, cuando comenzamos a considerar el sistema de control: Por ejemplo, ¿por qué no hacer inofensiva cualquier acción en un sentido macro, por el contrario, suponga, para que sea incluso útil? Entonces resulta que esto, es como si fuera un nivel "incluso útil", ¿sí? Implica que esta acción, bueno, al menos, debería ser creativa incluso en algunos niveles iniciales, aunque sea un acto personal del hombre, que es, bueno, en general, un tipo de aspecto personal, doméstico. Supuestamente, el hombre realiza una acción y esta acción como si no se reflejara en la realidad externa, ¿sí? Si su acción personal está conectada, por ejemplo, con su cuerpo físico, y así sucesivamente.

Pero Dios está presente en todas partes, Dios esta inicialmente conectado con el Alma, y Su acción es la acción del Alma. La acción de Dios es la acción del Alma. Y en este caso, el Alma, que es completamente libre, pero creada por Dios, y la acción del Alma es también la acción de Dios: Va como si bueno, llamémosla "adherencia" del objetivo, ¿sí? - entre comillas, la inicial, como a priori aquí. Es decir, la adhesión fundamental de los objetivos de Dios y el hombre, en general, coinciden siempre en el desarrollo macro, no hay contradicciones. Porque no vamos a analizar aquí la línea, ¿qué y cómo se divide y crea todo?, ¿sí? Porque ya es un tema como, en principio, del mismo nivel de control de objetivos, y simplemente encontraremos áreas de creación más detalladas, ¿sí? En este caso, decimos que los objetivos coinciden ideológicamente; por lo tanto, no podemos tener contradicciones, debemos movernos juntos.

Por lo tanto, resulta que un objetivo específico de nivel de control está en la expresión óptica: Aquí está el nivel de tu Alma, que es como un punto de nodo de la asignación de objetivo. Pero este punto no se visualiza, se comprende. Por eso nace la comprensión. En general, ¿cómo nace la comprensión humana? Es decir, si consideramos el proceso de este concepto, ¿por qué comprende el hombre? ¿Por qué lo llama comprensión?, ¿sí? ¿Es algún elemento de percepción? Y porque existen elementos, que no deben ser visualizados ópticamente.

Es decir, se supone que la persona se está moviendo libremente en el espacio, y cuanto más espacio, más libre es, el movimiento abierto surge, ¿sí? Es decir, para más movimiento libre, debería haber más espacio. Pero el espacio implica que aquellos, que están en este espacio deben aumentar como si ellos mismos fueran, es decir, aumentar el estatus de libertad personal mediante la siguiente acción.

Cuando el hombre es más libre, entonces resulta que Dios también es más libre en el Alma, debido al hecho de que Su creación creada - el hombre, se vuelve libre, ¿sí? El estado de su libertad aumenta en el contexto personal, aunque ya es libre: Un espacio enorme. Sin embargo, en general, se trata de una cuestión de espacio personal. Un espacio para entenderse, ¿sí? El espacio de comprensión mutua. Por lo tanto, ese es el origen del elemento de comprensión del control de objetivos, donde el elemento en si no se identifica, por ejemplo, en la óptica, ¿sí? por cierto, incluso puede que no se identifique como tal conocimiento, percibido exactamente en los términos específicos, los sonidos cercanos, y así sucesivamente. Este es precisamente el nivel de comprensión.

Y cuando comenzamos a ver el estado de comprensión del objetivo, resulta que el control del objetivo es todavía una tarea más global, que en realidad determina, en general, el estado dinámico de una comprensión permanente del desarrollo de lo personal. El objetivo, es un cierto enlace, que constantemente te conecta con la implementación. Incluso si no lo hace, por ejemplo, organiza el control, ¿sí? Y mientras, está realizando muy bien algunos otros sistemas de control, tal vez, incluso más complicados, ¿sí? - Pero cualquier objetivo individual tiene que ser implementado: Por ejemplo, el objetivo que, en términos generales, no puede formularse como objetivo. Existe un objetivo muy rígido, que tiene una voluntad fuerte, ¿cierto? Y esa es solo la tarea de rescatar al mundo - Es solo un objetivo lógico. En general, cada persona lo tiene lógicamente, para evitar la destrucción macro.

Y cuando él, la persona, realiza cualquier otra tarea, este objetivo todavía debe realizarse, en algún lugar, ¿sí? Bueno, como en la periferia, pero sin una supervisión fuerte, pero aún debe implementarse. Es decir, existen objetivos que tienen el estado de implementación continua. Y resulta que estamos tratando con el objetivo del control como un estado: Factología, ¿sí? O incluso si es más una factografía. Resulta que aquí, un factor tiene una cierta identificación grafica en la forma de percepción de estos gráficos, por ejemplo, en la forma, en sentido estricto, de los gráficos de la acción.

¿Por qué podemos, por ejemplo, definir las leyes de la creación del lenguaje de escritura? ¿Como fue creado? ¿Por qué el lenguaje escrito de alguna manera corresponde al habla? ¿Y cómo hacer más lento el control, expandir el espacio o entregar la tarea a otros para expandir el espacio? Es decir, resulta que tenemos la posibilidad de tal control, cuando la tarea de control resuena como si fuera muy distante, ¿sí? Puede ser, bueno, no muy lejos, pero al menos un objetivo prometedor, que está seguro de ser implementado.

Resulta que la interacción de las Almas de diferentes personas y, de hecho, el Alma de Dios aquí, ¿sí? En lo universal y como en la autocomprensión personal: después de todo, Dios inicialmente entiende todo. Cuando el hombre ve este estado, todo se vuelve claro. Esto es suficiente para que una acción se vuelva clara para el hombre. No necesita tomar un microscopio y estudiar durante mucho tiempo, a menudo algún proceso: Puede entender lo que hay dentro de la sustancia, puede determinar la estructura de la sustancia solo porque entiende lo que hay alrededor de esta estructura.

Es decir, el mundo está organizado de tal manera, que existen muchos conceptos que no se han definido, pero al mismo tiempo prácticamente tenemos el estado, que cuando hay control, por ejemplo, va bien por una cantidad infinita, luego, la interacción con los otros sistemas ocurre en el entendimiento de que hay otros sistemas, ellos, por ejemplo, tienen algunas propiedades. Y el hombre entiende esto, pero no arregla el sistema, por ejemplo, no lo explora. Entonces, la comprensión es el factor que realmente controla el sistema de eventos externos o metas externas, ¿sí? con relación a ti o, en principio, a sus propios (objetivos o metas) aquí.

Es decir, para crear un nivel de control continuo, necesitas crear un generador que mantenga este nivel constantemente en el espacio-tiempo, ¿sí? Para hacer esto, tomamos todos los elementos de la interacción externa, sin señalar específicamente la fracción. ¿A menudo, simplemente entendemos que existen algunas macro galaxias, ¿sí? Tenemos este entendimiento. Pero no debemos estar ocupados cada segundo allí para estudiar estas macro galaxias. Pero la comprensión en si misma da un elemento de interacción como si de un valor macro con el objetivo, por ejemplo, el de rescatar al Mundo.

Y cuando comienzas el elemento de comprensión, bueno, imagina una bolsa (de plástico), ¿sí? Vertemos un poco de agua en una bolsa de celofán y decimos: "Esta es una macro galaxia", y en otra bolsa es un barco de vapor que flota, en la tercera es el mar, "y así sucesivamente. ¿Aquí tenemos varias bolsas plásticas de agua, ¿sí? Con agua limpia, que básicamente se puede beber. Pero nosotros, por ejemplo, no lo bebemos, lo tomamos y, digamos, lo colocamos en una brújula y lo miramos, de modo que, en el agua, construimos una estructura tan compleja para nosotros mismos, por lo que la brújula no vibraría. Estas tres bolsas de plástico, en general, ¿sí? Aunque el agua es dinámica. Es decir, en realidad, creamos una especie de espacio de control por nuestra cuenta.

Bueno, en principio, se cree que el agua es un conductor, por ejemplo, generalmente, el elemento para crear vida en el planeta, ¿sí? Que es mucha (agua): tomamos los segmentos, como si fueran puramente mecánicos y construya el modelo, cuando la brújula entra en contacto con el agua, como si creáramos el elemento de participación en el nivel macro del elemento como una dirección. Simplemente creamos un modelo mecánico, como si fuera uno absolutamente abstracto. Pero cuando empezamos a pensar más, si la dirección está conectada al nivel macro, ¿sí? A través del celofán, podemos definir la estructura del celofán en sí. Entonces, no hay necesidad de pensar nada, solo necesitas ver la estructura en el celofán. La dirección está conectada con el nivel macro a través del medio intermedio. El nivel macro es el agua, por ejemplo, ¿sí? Significa mucha agua en la Tierra.

Por lo tanto, cuando comienzas a conocerlo, entonces la estructura del celofán se vuelve clara para ti. No necesitas saberlo en profundidad, no es necesario cortar el celofán: Primero se saldrá el agua. En base a esto, podemos conocer la realidad externa, porque existe, bueno, supongamos que he construido una relación abstracta, cuando conocemos este elemento, es decir, hay una position clara de conocimiento, obtenemos conocimiento sobre este tema de control, por ejemplo, celofán, claramente, específicamente en su corazón. Me refiero al corazón eterno, porque el corazón es consciente, ¿sí? El corazón conoce toda la realidad. Resulta que, descubres las propiedades de la Eternidad en tu corazón a I raves de las líneas inversas.

Y existe un elemento muy simple en el control del objetivo aquí, entonces debes mirar: Que nivel de Eternidad de tu cuerpo físico parece iluminar el objetivo de tu control. Y en base a eso, prácticamente estamos viendo el siguiente nivel de control, que cuando tenemos, el control que proviene de un órgano tuyo en particular, ¿sí? Donde le puedes ver un cierto nivel de brillo de la piel, desde la parte del cuerpo, no es necesario contemplar los órganos internos, y veras la conexión entre tú y el elemento de la Eternidad en el objetivo de control nuevamente desde el nivel de pertenencia.

El modelo no es el mismo, es completamente diferente, porque el hombre no puede ser modelado por un nivel mecánico. ¿Por qué introduje este elemento del celofán con agua? ¿Porque claramente no es un humano, ¿sí? Es decir, no hay relación con el hombre en términos de acción, porque el hombre no puede ser modelado mecánicamente. Y como si separáramos la naturaleza externa del mundo del nivel de comprensión, ¿no es así? Significa que el hombre puede entender cualquier estructura, pero no puede modelarse dinámicamente, por ejemplo.

Sobre esta base, está claro que cuando Dios, después de todo, creo al hombre como un valor infinito en imagen y semejanza, entonces la interacción de cualquier persona con el objetivo es exactamente lo mismo: Es decir, la Eternidad de todas las personas se implementan en el mismo segmento de su Eternidad. Entonces, básicamente puede educar: Es suficiente para identificar su propio fragmento en su objetivo de control, iluminarlo y mostrarlo a todos los demás. Básicamente, todas las personas están aquí, porque siempre están viendo como cumplen legalmente su objetivo.

El objetivo se cumple completamente por las leyes canónicas. Cualquier objetivo tiene una serie de leyes establecidas muy claras de la implementación: Por ejemplo, la ley de la acción universal, ¿sí? la ley del autodesarrollo, por lo tanto, el objetivo es claro para sí mismo, por ejemplo, y así sucesivamente, desde el punto de vista de un observador externo. Pero si nosotros somos ese fragmento, ¿por qué el objetivo es claro para sí mismo? claro a quién? Bueno, el objetivo en sí. Y quien percibe el yo en el objetivo, en general, ¿sí? Entonces volvemos a venir a nosotros mismos: ese es el hombre. El hombre es la definición del objetivo. Quien lo ha puesto, está aquí y, de hecho, esta implementado.

Y cuando el hombre comienza a darse cuenta de sí mismo, casi por completo en el sistema de control de metas macro, puede ver que él y el objetivo son básicamente no separables. Por ejemplo, ¿sí? Ahí es cuando el elemento de inseparabilidad del cuerpo físico surge del objetivo, sea lo que sea, ya sea para volar en las macro galaxias y volver, por ejemplo, ¿sí? Y luego, cuando se ve como si fuera usted mismo en el tiempo real, resulta que el tema de la macro; - La galaxia ya es el material sujeto. Es decir, está enfocado en usted, porque parece que está liderando la estructura de la esencia del mundo, y como si fuera una estructura de este tipo, que en realidad determina su relación con todo el mundo. Es decir, resulta que se ves a sí mismo en el centro del mundo con bastante claridad; aquí puedes ver que estas en el centro del mundo.

Y cuando, por ejemplo, visualiza este nivel de control en el medio del mundo, ¿sí? entonces resulta que puede ver claramente la siguiente constante del desarrollo del objetivo. Debes ver que en el momento del control estas en el centro del mundo, bueno, es como el centro que has creado para ti mismo. Porque está claro: Existen muchos procesos diferentes en el mundo. Y para controlar el objetivo con precisión y alcanzar el control obligatorio, debemos, en principio, hacer lo posible para obtener el control universal. Entonces, deberíamos controlar básicamente todos los procesos del mundo en términos del objetivo de control, ¿sí?, y al mismo tiempo estar en el centro de control. El modelo es lógicamente claro, no puede ser diferente, si queremos lograr el control correctamente.

Luego resulta que, en base a esto, dentro del Alma del hombre, y el Alma es el objetivo perfecto de Dios, ese es el objetivo implementado por Dios en este entendimiento, y resulta que existe un nivel, que permite una persona que realmente salga, en general, en la estructura de su Alma, es ver el control de una manera que significa que puede ver este nivel, exactamente el nivel como si fuera el centro, ¿cierto? Un cierto nivel de Consciencia del centro. Es decir, entiendes dónde está el centro, pero esto no significa que, por ejemplo, tengas que tomar la geometría del Alma, colocar la óptica allí en cuadrantes y calcular, en general, en qué lugar se encuentra esta Alma, esa es la tarea que no se encuentra en este contexto, aunque esta tarea se puede configurar.

Y uno puede decir correctamente, donde la acción de su Alma tiene lugar en su mayoría, ¿sí? Y donde está la forma del Alma. Es posible asignar este control. Pero luego será otro control: La asignación de la localización y volumen, de todos modos, en términos de su percepción. Porque puedes percibir una parte del Alma. Y el Alma reproduce la percepción en ese momento, como si eso de alguna manera todavía estuviera en el sistema de control externo.

Y resulta que, en este caso, simplemente no tratamos de encontrar la ubicación geométrica del Alma, por ejemplo, sino que trabajamos con el espacio del Alma: Nosotros, entendemos exactamente que el espacio del Alma está aquí. Entendemos donde está el celofán, ¿cuál es la diferencia? - ¿Por qué no podemos entender por analogía donde está el Alma? Un mecanismo es universal. Entonces, por lo tanto, entendemos donde está el Alma y comenzamos a llevar a cabo el control para la implementación del objetivo en este aspecto de control. Resulta que es suficiente hacer el control como si estuviera en la plataforma de tu Alma, y el objetivo se implementa, al menos, para el Alma se implementa con precisión. Y esto ya es, ¿sí? Casi el noventa por ciento de la solución del objetivo de control en términos del hombre - Dios, o una personalidad - el Mundo, ¿vendad? O una personalidad es generalmente una realidad universal, donde Dios esta una persona actuante, por ejemplo, y así sucesivamente.

Cuando, por ejemplo, implementas este control, entonces, por supuesto, primero, puedes acelerarlo en el nivel físico, es decir, acelerar, implementar los procesos muy rápidamente, lo que puede ser bastante largo, ¿sí? Es la aceleración, aun bastante significativa a través de esta tecnología. Y, básicamente, lo principal es que la regulación macro aquí se expresa en el hecho de que cuando se controla el objetivo, como por el nivel externo del control de objetivo, se expresa precisamente el nivel de la interacción personal, como si el nivel de macro sistemas regula de tal manera tanto el nivel de macro como su sistema. Quiero decir, es una especie de control externo bastante fuerte, que es su personal y, de hecho, continuo.

Porque solo puede trabajar alrededor del objetivo y, de todos modos, hay continuidad alrededor del objetivo; Eso es un valor continuo alrededor del objetivo. Entonces, ahora mismo, ejecute el control, como dije: Vaya al nivel del Alma, es decir, comprenda, donde llevar a cabo el control en su Alma. Específicamente. Puede estar cerca del espacio físico corporal. Y establecer el objetivo de control para la comprensión. Es decir, tu comprendes como lograr el objetivo. Pero no es necesario gestionar el objetivo durante tanto tiempo. El objetivo todavía se ha establecido. Bueno, en primer lugar, por supuesto, establecer un objetivo específico, es mejor (hacerlo) en este momento. Y, por lo tanto, desarrolle esta meta como si estuviera directamente en la plataforma del espacio del Alma, donde existe la comprensión del control del objetivo.

Yo trabajare contigo. En el momento del trabajo, no se detiene el control y el seguimiento. Bueno, la controlabilidad del objetivo es constante. El corazón es el objetivo, el cuerpo es el objetivo, con que debemos estar atados todo el tiempo. Entonces, trabajare contigo. Trabaja lo más activamente posible. Es decir, aumenta constantemente la velocidad de control.

Y luego, cuando controlas, debes considerar el siguiente factor: Para eso el hombre necesita especialmente esta situación, ¿sí? ¿alguna situación? Es decir, por ejemplo, ¿cuál es la perspectiva de control? y ¿cómo esta esta perspectiva?

Supongamos, está conectado con el hecho, como se definen las tareas del hombre, las tareas de otras personas, por ejemplo, con el desarrollo infinito. Es decir, para establecer la tarea de que el desarrollo eterno es una tecnología específica, que siempre se implementa en forma de principios tecnológicos ¿sí? por ejemplo, en el objetivo de control, entonces, existe una opción tal que el hombre en cuestión. Eternamente, en cualquier caso, pero, él no tiene que establecer esta tarea constantemente.

Pero si aún no se ha establecido esta tarea, se trata de los métodos tecnológicos específicas de la propia ejecución del desarrollo y se debe identificar como objetivo del control. Existe un modelo de perspectiva estratégica para eso, ¿sí? Todas las personas están incluidas allí. Y así, todas las personas deben dominar la técnica. Entonces, resulta que algunas personas se han convertido en un espacio de control, en un momento de que se ha de controlar a otras personas, ¿sí? O pasar, por ejemplo, allí, en el futuro infinito.

Y resulta que cuando se controlan, como si vinieran de ti para el objetivo de control, hay un momento así: Primero, la tarea de un nivel concentrado de transferencia de conocimiento para mostrar en este punto, lo que está sucediendo en la realidad, ¿sí? Es decir, por ejemplo, existen muchas personas que ya han compartido la tecnología de la vida eterna. Pero, en primer lugar, "mucho" no significa que haya muchos (ellos). En segundo lugar, significa que tienes que transferir a otros. Pero incluso si "casi todos", no significa que todos. Y la tarea es identificar, por ejemplo, a cuantas personas vas transmitir este conocimiento, ¿sí? La tarea es identificar allí, como si fuera la última persona que necesita ser transferida, podrán hacerlo, ¿no es así? Es decir, la tarea inicial de Dios se establece realmente como un objetivo de su desarrollo personal.

Es decir, resulta que, en términos del desarrollo de Dios, si tal termino puede ser introducido, entonces Dios es como un elemento de desarrollo, ¿sí? o, digamos, el significado de su propia vida. Supongamos que puedes hacer la pregunta: ¿Cuál es el significado de la vida de Dios? Entonces, resulta que es precisamente poder transmitir a todos, ¿sí? Educar a cualquiera, bueno, en general, sobre lo mismo, o generalmente lo mismo, o al menos no específicamente, eso es exactamente lo que es lo mismo, pero tal como el mismo lo hace. Es decir, resulta que, desde el punto de vista de otras personas, el significado de la vida de Dios está claramente definido. Es decir, resulta que Él no está muriendo, ese es Dios que, en cualquier caso, vive eternamente. Resulta que, el elemento de la Eternidad todavía está vinculado lógicamente con el desarrollo eterno de otras personas.

Es decir, si otras personas se desarrollan eternamente, Dios es aún más eterno. Y resulta que, en base a esto, como si existieran tales paquetes lógicos, que dicen que, en cualquier caso, Dios debería mostrar alguna forma de desarrollo personal, desde el punto de vista del hombre, de hecho. Aunque aquí el término "desarrollo" para Dios puede ser más bien condicional, de todos modos, Dios lo sabe todo, Él es, como si estuviera infinitamente desarrollado, sin embargo, debería tener los mecanismos similares que existen para el hombre. Y que estos mecanismos son similares, debería crear los elementos de transferencia de conocimiento. Aquí la transferencia de conocimiento es un valor similar. El hombre también puede transferir el conocimiento a cualquier persona.

Por lo tanto, existen algunos momentos que ocurren al nivel de un número de personas, que pueden pasar a In1, olios. La cantidad de personas está controlada por algo, por ejemplo, ¿por qué no tomo Dios y formo un numero infinito de personas a la vez? Y, por ejemplo, que haya un numero infinito de personas y su número es un incontrolable. El concepto de la cantidad, ¿sí? ¿por qué hay un concepto de aumento? Porque aquí existe un elemento de transferencia de conocimiento, y ese es el conocimiento de Dios: Dios controla la transferencia de conocimiento al aumentar el número de transferencias desde una cantidad de personas, a la otra, ¿sí? Así sucesivamente. Al mismo tiempo, aquí cada persona se identifica como una personalidad, cuando el conocimiento se transfiere. Si todos tenemos conocimiento aquí, ¿cuál es la manifestación de los factores de control de la personalidad? ¿Como obtuvo su conocimiento? ¿aquí cuál es el nivel?

Porque cuando hay muchas personas, gran cantidad de personas, manifestaciones personales y la personalidad se manifiesta de manera muy precisa, completamente individual, es casi en el nivel Divino exacto, cuando entre una gran cantidad de información, por ejemplo, el hombre está ganando su conocimiento personal y su progreso personal. Es decir, cuanta más información, más se identifica la personalidad. Es decir, por un lado, parece que, bueno, lógicamente, la persona trabaja más individualmente, por así decirlo, como lógicamente, o desde un punto de vista, cuando hay como si no hubiera tanta gente. De hecho, cuando hay mucha gente, la personalidad se identifica más individualmente. Porque hay un sistema de interacción básicamente entre el hombre y el ambiente exterior.

Y aqui la personalidad comienza a elegir la interacción exactamente en el objetivo de control, es decir, la reproducción del objetivo humano depende de lo que lo rodea. Y cuanto más exactamente se reproduzca el objetivo, es decir, cuanto más exactamente establezca el objetivo de la interacción con toda la realidad, más se identificará al hombre en un aspecto personal, ¿sí? La personalidad, que trabaja en gran cantidad la información naturalmente necesita saber más. Por eso resulta que la identificación del objetivo, el control del objetivo implica la misma correspondencia de la acción, como ocurre en el caso, como Dios generalmente establece el objetivo. Es decir, hay una cantidad infinita de información. Y cuando esta cantidad infinita de información, por ejemplo, es visualizada por Dios, y Dios realiza la siguiente acción.

    Y Dios debe realizar las acciones exactas: Prácticamente no tiene oportunidad, supongamos, para realizar alguna acción que podría no ser precisa, es decir, en cualquier caso, Dios no permitirá, por ejemplo, la destrucción de la Tierra. Por lo tanto, Él siempre debe realizar acciones absolutamente precisas. Por lo tanto, resulta que, en base a esto, para que Dios realice las acciones exactas, significa, desde el punto de vista del hombre, que Él debe identificar correctamente el objetivo en un nivel infinito de conocimiento. Por lo tanto, cuanta más información tenga el hombre, más precisa definirá el objetivo.

    Lógicamente está claro, ¿sí? Cuanta más Información tenga el hombre, bueno, particularmente información consciente, ¿sí? Información precisa, incluso en general, correctamente localizada, más precisamente funciona. Resulta que la tarea del control de objetivos, la tarea del objetivo de control reside en el hecho de que percibe prácticamente todo el control externo, como la tarea de la formación de objetivos, en general, o la conexión con el objetivo para tener algunos sistemas correctivos, ¿sí?

    Es decir, como elegir un sistema correctivo, cuando este tipo de corrección, como es, no dependiera de una palabra, ¿sí?

La palabra puede reducirse, puede aumentarse, pero usted controla. Generalmente no puede hablar, pero si controlas. Es decir, resulta que, ¿cómo se puede reducir la forma del sonido, la forma espacial, la forma temporal allí, si es necesario? Entonces, en general, ¿cómo tomar lo siguiente como si, tal vez, se correlacione o corrija la información? Como regla, es más bien aún correlativo a uno, porque la corrección a veces implica como una intrusión más grosera, ¿sí? Si identificamos el objetivo exacto, resulta que, en principio, no debemos interferir en el vínculo muy autónomo.

Es decir, Dios ha establecido un objetivo: Crear al hombre. El creo al hombre. El hombre no cambia, independientemente de milenios. Resulta que, en base a esto, tenemos tal estructura, de modo que el objetivo sería manejable y, por así decirlo, está casi correlacionado con los hechos de la realidad externa, debe ser completamente autónomo. Quiero decir, de hecho, debería ser como "arrancado de la realidad", ¿sí? bueno, entre comillas, por supuesto, en general, al menos, para participar en el proceso de acciones, en el nivel inicial. ¿Cuál es el comienzo? Eso es determinar el nivel cuando se forma el objetivo.

Y lo mismo para Dios: Él está presente como si fuera de la gente, haciendo el control externo, pero al mismo tiempo es naturalmente un hombre, y lo más profundo posible, está presente entre las personas en términos de contacto, ¿sí? Porque aqui tiene la intersección: debe administrar todos los sistemas de desarrollo, por lo que significa los sistemas externos. Hablando estrictamente, para Dios no significa aislamiento, sino, por el contrario, el desarrollo infinito del hombre.

Y, a partir de esto, cuando Dios establece la tarea del desarrollo infinito del hombre, El simplemente viene a Si mismo, es decir, en general, resulta ser el nivel o el significado de su vida desde el punto de vista. Vista de la persona observadora: Desarrollo infinito. Y cuando comienza a ver el desarrollo infinito, ¿sí? El entiende su significado, como lo entiende por la intención divina, ya sea con la mente, etc., o el Alma, o el Alma de Dios. Y aqui identificamos claramente la óptica, es decir, la expresión óptica del Alma de Dios, y en la versión universal. Es decir, la característica personal del Alma de Dios desde cualquier punto es bastante específica.

Como dije, el hombre percibe lógicamente, bueno, una de las posiciones, que es como una lógica, es que, si la realidad externa existe allí, entonces, la esencia de Dios es crear realidad, la esencia de Su vida, ¿sí? O su desarrollo, o una acción en absoluto. Luego incluye la creación del hombre. Y este es el desarrollo infinito del hombre. Aqui es necesario estar extremadamente atento a esta estructura, una vez más, trate de memorizarla ahora mismo. Y luego será necesario revisar este sistema varias veces.

El hecho es que entonces comienza el proceso de transferencia de conocimiento. Un hombre que conoce bien la realidad, por ejemplo, dije que el significado de la vida de Dios es el desarrollo infinito, el desarrollo eterno de la humanidad. Esta idea está en la percepción de una persona. Y luego Dios comienza a mirar a través de otra persona, a cómo la primera persona, que tiene esta información, dice que la esencia de la vida de Dios es el desarrollo eterno de la humanidad. Y cuando Dios ve como con los ojos de este hombre o esta personalidad, entonces queda inmediatamente claro para todas las demás personas por que el hombre vive eternamente: Porque el Alma de Dios se abre, y la gente ve cómo se crea a otra persona en tiempo real. Él está buscando entender el punto de vista del hombre en este momento. Y luego queda claro cómo se crea generalmente en tiempo real.

Y aqui, por cierto, es el primer aspecto de la comprensión, que el hombre es absolutamente libre. Es decir, es prácticamente libre de tomar decisiones propias independientes. Bueno, en su mayoría toma decisiones creativas, por supuesto, como norma, desde el nacimiento, al menos, y luego como si la formación de este estado creativo todavía fuera Su materia interna personal. Es decir, el hombre debería entender por qué vive personalmente entonces. Y cuando comienza a percibir el aspecto incondicional de la vida como la acción del Alma, es decir, resulta que el hombre ha estado en el Alma de Dios durante tanto tiempo. Comienza a darse cuenta, a recordar los elementos de la infancia, que le dicen que estaba a punto de entrar en contacto con el Alma de Dios, que había vivido allí.

Porque, supongamos que este contacto se ha ido a alguna parte, por ejemplo, bueno, si el cree que se ha ido. O aun no puede desaparecer, solo hay un nivel de pensamiento personal, que parece conducir la percepción a la propia reproducción. ¿Por qué los mundos son diferentes? Reproduce la percepción del hombre, Dios le da la siguiente realidad. Ahora, resulta que cuando profundiza su pensamiento a nivel humano, se da cuenta de que también existe el Alma de Dios, la acción de Dios, la vida de Dios en cualquier pensamiento.

Y resulta que, en base a esto, el hombre y Dios coinciden en pensar, por cierto, en pensar en el cuerpo físico. Aquí llegamos al hecho de que el cuerpo físico tiene pensamiento, está claro lógicamente para todos; el cuerpo ¿sí? El hombre piensa, por así decirlo. Pero el pensamiento está asociado con una persona específica, así también con el cuerpo físico. Y así, tan pronto como pasamos a la sincronización del pensamiento humano y del pensamiento de Dios en el objetivo de control, ¿sí? Entonces entendemos. Por ejemplo, hay un piloto y un copiloto en los autos de carrearas ¿sí? Resulta que deben estar sincronizados, por lo que el pensamiento debe estar sincronizado de alguna manera en términos de las acciones requeridas.

Es lo mismo que cuando ingresas un parámetro de control de este tipo, resulta que tu sincronización con Dios inmediatamente da mucho conocimiento, es decir, Inmediatamente haces lo correcto. Aqui, por ejemplo, donde se origina un concepto de "clairgnosis controlada" o simplemente "conocimiento", o "clairgnosis", o simplemente se conoce una determinada situación. Es la sincronización con la acción de Dios en el objetivo de control. Hay una meta para rescatar al mundo. Si sincronizar, en principio, como correctamente, ¿sí? Entonces, resulta que ya tiene el conocimiento. Ese es el contacto con el Alma de Dios. En consecuencia, a nivel personal para controlar el objetivo, debe haber contacto con tu Alma y el Alma de Dios, y ahora te he mostrado específicamente la tecnología. Es decir, la capacidad de control es tal que tan pronto como el hombre se da cuenta de que tiene el contacto, eso es todo. Es libre de actuar en lo que quiera, puede hacer otra cosa, y así sucesivamente.

¿Como surgen otros asuntos para una persona? Bueno, eso es solo una pregunta abstracta como esta, bastante simple. Si es posible hacer una pregunta en relación con cualquier fenómeno del mundo, ¿por qué aparece otro asunto para una persona? ¿Por qué no hace sólo una cosa durante mucho tiempo? ¿O por qué lo hace en breve? Porque tan pronto como hay un contacto en el nivel de cognición con el Alma de Dios, el hombre entiende que ahora se está desarrollando más. Resulta que el término "fin del trato" - es un contacto completo de un nivel, ¿sí?

Y si es así, entonces, la conclusión fue con Dios - entonces, nuevamente, está la estructura eterna. Es nuevamente el valor último, por lo tanto, resulta ser eterno en todas nuestras cosas diarias. Ahora mismo lo identifique aqui en la lógica de control.

Y, ver el sistema eterno dentro del trato finito es muy simple sobre esta base - bueno, descienda de esta óptica del final y mire desde adentro. Por eso Dios establece inicialmente la tarea, que el trato básicamente no tiene algún comienzo para Él, de hecho, todavía es un nivel infinito de control, o una personalidad infinita, por así decirlo. Pero el hombre es también una personalidad infinita. Y resulta que una vez que una persona revela la eternidad, el infinito en cada caso, ¿sí? Entonces su Alma percibe el valor infinito, la vibración infinita en cada caso, que es todo en cada objetivo de control, en principio, el objetivo. Se estabiliza para el desarrollo infinito. Lo que dije: ¿Como puede un hombre vivir eternamente? ¿Como entrar en cierto nivel de control con precisión? ¿Como hacer exactamente lo que Dios hace? Para hacer esto, Él debe ver el sistema infinito en todos los fenómenos de la realidad, como para asignarlo incluso específicamente, por cierto.

Es decir, si, por ejemplo, decimos que hay mucha información en el mundo, resulta que es más fácil distinguir el esquema exacto de la acción, ¿sí? especialmente porque el hombre a menudo selecciona la más clara solución. Algunos van a los mismos lugares, se van de la casa, entran a la tienda, lo sabes, ¿sí? Es decir, estos son los mismos lugares. Aqui el hombre puede inventar especialmente como si nada. A menudo se ve obligado a operar dentro de algunos de sus sistemas de control específicos. Resulta que aqui es importante destacar. Aqui un hombre camina, entra en la tienda, que antes había estado. ¿Cómo en este caso debería vivir eternamente? ¿Qué tiene que revelarse a sí mismo en los pasos que ha conocido, para reaccionar y vivir eternamente. ¿Es así como el debes ir allí?

Para hacer esto, debe asignar la super concentración de su Alma, donde el Alma es declara por él, es decir, conoce su Alma en su totalidad. Este es el punto de concentración. Se identifica por lo que él entiende. Es decir, el Alma lo entiende, el Alma entiende la acción del hombre en su conjunto, ¿sí? El Alma está consciente de ello, y funcionan como si estuvieran sincronizados; así es como el hombre trabaja con Dios, puede trabajar sincrónicamente, o un hombre con un hombre aqui, como el cuerpo físico del hombre puede interactuar con el Alma de manera sincrónica.

La forma, en principio, está definida por el nivel en sí mismo: Cuando Dios debe desarrollarse en el nivel del hombre en la transferencia de conocimiento. Resulta que este concepto de desarrollo, de hecho, de nuevo Dios ya lo tiene en términos de comprensión, y cuando estamos viendo como Dios lo tiene "de hecho". Podemos ver c6mo transfiere este conocimiento. Es el desarrollo a I raves del hombre. Así es, decir, si, debe ser un hombre, y pasar aqui, como si el mismo fuera el conocimiento ordinario, que todos pueden percibir.

Y el hombre asigna el nivel, incluso mientras está parado en las escaleras o en algún lugar en un bosque: ¿Como debe pasar? ¿A dónde? ¿A dónde exactamente ir? - Y así sucesivamente, aqui viene el nivel que el cuerpo desarrolla al saber su sincronización con el Alma, porque el Alma es eterna. Por lo tanto, si el cuerpo se desarrolla exactamente así, y el cuerpo puede considerarse como el nivel de la acción del Alina, entonces resulta que el cuerpo también es eterno. Es decir, el mecanismo de desarrollo del Alma se transferirá simplemente al cuerpo, y eso es todo. Entonces, resulta que simplemente existe la necesidad de acoplarse entre el desarrollo del cuerpo físico y el Alma, que es como el nivel de comprensión. Aqui es conmovedor. Bueno, por ejemplo, el hombre ve el silencio, ¿sí? Existe un bosque aqui o un tintineo (silbido) del silencio, por ejemplo. Este es un tipo de penetración en la realidad externa y la consciencia de la interacción.

Es decir, entiendes la realidad externa; como un bosque o un objeto de realidad te diera conocimiento, ¿sí? La misma Alma te da un conocimiento sincero en ciertos puntos, está completamente abierta para ti, en realidad te ensena. Es decir, resulta que continúas actuando de manera muy simple. En todo el sistema de control paramétrico y puede haber diferentes ópticas, diferentes formas de pensar. Donde hay muchos parámetros, yo lo llame sistema de control paramétrico, donde hay muchos elementos de información. Y aqui tenemos que reaccionar por algo, para hacer el movimiento correcto en la dirección de la Eternidad.

Tenga cuidado aqui, porque si aprende a dar el paso correcto, no hay problemas: Su cuerpo se vuelve exactamente eterno en este punto. Si empiezas a arrastrar este punto detrás de ti, a prolongarlo, entonces un día, dos, diez días y hablando, en general, el infinito puede ser tirado por tal ejercicio. Tienes entonces un cuerpo físico eterno.

Por lo tanto, en cuanto a la elección de los parámetros: Debes ver, así, en primer lugar, que no todo es tan inequívoco, porque el Alma está conectada con otras personas, y siempre existe la tarea de educar a otros. Aqui es un matiz: hasta que ensene a todos los demás, como dominar la tecnología rápidamente, por supuesto que puedes, pero luego necesita dominarla a través de muchos métodos, ¿sí? Pero, de todos modos, eventualmente la tecnología se implementa completamente. Cuando exista absolutamente cualquier hombre que este viviendo eternamente. Entonces Dios ha implementado su tarea, y está claro que puede hacer otra cosa.

Bueno, "algo más..." existen otras tareas, cuando el hombre ya tiene un desarrollo eterno, generalmente a menudo tiene tareas diferentes, bueno, no radicales, pero a menudo no encajan con las tareas que existen antes de adquirir este mecanismo del desarrollo eterno. Sin embargo, concurre básicamente, incluso en otra lógica de acciones y otros mecanismos. Y resulta que, en este caso, estamos hablando solo de tareas, que es como si una persona lo debiera hacer exactamente. Dios no está equivocado, el hombre tampoco está equivocado, ¿no es así? Eso significa que no puede estar equivocado.

Y aqui finalmente llegamos al hecho de que el Alma educa al hombre y transmite este conocimiento, ¿sí? Bueno, primero, que el hombre está en el espacio del Alma, incluso existe el término de "como el seno de Dios", ¿sí? Existe ese término tal, común y conocido, y se conocen estos sentimientos. En este caso, sigo distinguiendo este sentimiento. Este proceso es diferente: El Alma enseña al cuerpo físico, es como si fuera atraído hacia el cuerpo.

Entonces, significa que hay una noción de que el Alma se asienta dentro del cuerpo, ¿sí? Por ejemplo, en el momento de la concepción o incluso antes del momento en que se forma el cuerpo, o antes del nacimiento, y así sucesivamente. Es decir, existen ciertos puntos de vista en los que el Alma parece habitar el cuerpo, bueno, se asienta en el cuerpo, ¿sí? En este caso, de hecho, el Alma esta generalmente siempre inextricablemente conectada con el cuerpo. Y aqui considero que es más conveniente considerar este punto de vista, donde, en general, el momento de toda organización de información sobre la persona es su Alma. Por ejemplo, Dios decidió crear al hombre. Precisamente. Entonces, El necesita considerar las conexiones del Alma con cada célula del cuerpo, es decir, por ejemplo, como un ingeniero de sistemas, quien, en general, lo sabe todo y puede hacer todo. Pero, debe necesariamente conocer exactamente todos los aspectos. Conexiones. Aqui el concepto de "inexactitud", en principio, no puede ser en absoluto. El necesita saber cualquier balanceo, de cualquier pasto, en el momento en que cualquier hombre este en cualquier punto del espacio-tiempo.

Luego resulta que, en base a esto, el Alma prácticamente, de hecho, posee el instrumento de interacción con este conocimiento. Es decir, como resulta que el Alma al menos lo sabe, ¿sí? Y luego, además, se controla para ejecutarlo. Es decir, resulta que el Alma ya tiene siempre el camino macro creativo, que Dios primordialmente da. Al menos tiene conocimiento sobre el desarrollo universal, su desarrollo próspero y así sucesivamente. Por eso es eterno, por cierto. Puramente lógico, ¿por qué es eterno? Porque, ¿de qué otra manera puede controlar todos estos procesos? Entonces, solo porque es eterno, puede controlar todos los lazos, el numero eterno de conexiones.

Y resulta que, en base a esto, asignamos específicamente la estructura óptica del Alma, que ya está dentro del hombre, es decir, este resplandor allí, por ejemplo, el latido del corazón humano allí, o el movimiento de la sangre, ¿sí? O simplemente una acción humana, como se identifica ópticamente, generalmente cualquier acción humana. Y ahora tome una palabra, ¿sí? ¿Y dónde está el acoplamiento de una palabra y una acción? Y lo que resulta que está aquí, es que una palabra tiene sistemas similares. Por ejemplo, estoy hablando de alguna función del cuerpo humano, y esta función aparece en la información. Es decir, resulta que el ambiente de sonido reproducido crea la realidad.

¿De dónde vino el sonido? Existe el aire, por ejemplo, ¿no es así? Significa, que en el vacío hay diferentes procesos. ¿Por qué digo que, por ejemplo, es imposible destruir a los que siempre viven, ¿sí? Después de todo, primero debe crear aire en el vacío, luego hablar, por ejemplo. Es decir, hay diferentes mecanismos entre los elementos, por lo tanto, donde se ha alcanzado el desarrollo eterno y donde todavía hay desarrollo. Pero cuando existe el desarrollo futuro, el objetivo del futuro, aquí es muy importante identificar el objetivo: El hombre, quien sabe que el objetivo ya está protegido, él está, en principio, ya eternamente desarrollado.

Y resulta que cada momento en la vida es un elemento de la manifestación del desarrollo eterno del hombre. Y a partir de esta posición, es obvio que decir que el hombre, no se está desarrollando eternamente, es imposible. Porque si comenzamos a prolongar este mecanismo y lo ponemos como el objetivo de la vida, ¿sí? como un sistema de identificación de las acciones por parte de cualquier persona, resulta que es suficiente que el hombre sincronice sus acciones de alguna manera. Señale con la acción del Alma, es decir, para ver la óptica del Alma. Bueno, supongo, para ensayar durante algún tiempo, para conducir un poco de entrenamiento. Aqui, por ejemplo, quieres hacer un movimiento con la mano, y ¿cómo hace el Alma el movimiento? ¿Dónde están los contornos del alma? Solo hazlo de forma síncrona, exactamente de la misma manera. Entrenemos juntos en la geometría.

Cuando comienzas a ver las acciones del Alma, que el Alma actúa en la práctica, actúa un poco hacia adelante, en general, por así decirlo, define los eventos. Es decir, tienes un pensamiento, después de este pensamiento, puedes ver donde esta exactamente el contorno, el control geométrico del Alma. Esa es la misma mano, pero esta modelada por tu Alma. Entonces, es como si físicamente insertaras la mano en un guante, ¿sí? Y así sucesivamente. Por lo tanto, cuando existe uno de los niveles, ¿por qué es necesario quitarse un guante, todavía tienes el nivel, es un contacto directo con el Alma, ¿sí?

Y cuando, por ejemplo, basado en cuando el hombre saluda, está destinado a quitarse un guante, aunque hay otra explicación para este fenómeno. Es decir, es posible encontrar una explicación para algunos fenómenos del mundo. Así solían ser los torneos de justas, el guante tenía que ser eliminado, por ejemplo, estaban hechos de hierro, entonces podemos explicarlo en términos de esta tecnología. Es decir, esta tecnología está cambiando: Puede darse un significado diferente a los conceptos y encontrar otra explicación.

Y cuando comienzas a encontrar otra explicación, entonces puedes ver que para aquellos que han logrado la vida eterna con la tecnología del desarrollo eterno, entonces surgen elementos, donde las explicaciones se pueden obtener de forma independiente. Esta es una corriente delgada y sincera del Alma, donde una explicación es la realidad. Entonces, Dios entiende, porque Él crea y comprende simultáneamente. Bueno, así es como se ve aproximadamente. De hecho, Él explica y enseña a la vez y, en general, lo hace todo, ¿no es así, El? Ese es un nivel de control integral.

Por lo tanto, otro nivel de control de objetivos es la complejidad. Es decir, en términos de las características de pronóstico, por ejemplo, el futuro se identifica de tal manera que, si tomamos y alineamos todo el círculo de control, por ejemplo, a través de toda la Tierra, entonces el futuro, del próximo año, diciembre del próximo año allí, se encuentra casi cerca de nosotros. Pero al mismo tiempo, entendemos, que este futuro será, en cualquier caso, para cada uno de nosotros allí, aunque haya un futuro infinito. No hay diferencia, ya sea en el futuro o en el futuro infinito, comenzamos a concentrarnos; por ejemplo, el próximo ano en diciembre está en una estructura particular. Entonces controlamos allí todos los fenómenos de la Tierra, y no nos pasa nada, no surgen problemas, bueno, si son desfavorables, ¿sí? Y, al menos, siempre podemos alinearnos a la situación con lo normal, de alguna manera brusca a niveles adversos.

Es decir, resulta que prácticamente somos dueños del mecanismo de control, porque simplemente entendemos, que existe un aspecto que se puede arreglar y como si se implementara aqui o se presentara el significado de control a expensas del punto de control actual. Es decir, introducimos el significado por sí mismo. El hombre forma su propio objetivo de control por sí mismo, hace que la implementación del objetivo, el, en principio, crea el control de tal manera que el control sea efectivo. Es decir, sigue siendo siempre su decisión personal.

Y resulta que, el objetivo de control debe ser equilibrado con las propiedades de la personalidad, con su desarrollo, los deseos. Cada personalidad puede identificar muchos niveles infinitos de desarrollo en uno mismo. Es decir, los individuos no están realmente en conflicto, porque tienen un nivel infinito de sistemas conceptuales y pueden crear cualquier sistema que sea aceptable para ellos, en este sistema, donde existe un desarrollo eterno. Por ejemplo, un significado muy simple: Si hay alguna resistencia ahí, los constructores quieren construir algo, pero hay un gran muro. La esencia - hacer algo con la pared. Se puede pasar por alto, ¿sí? o algo - por ejemplo, para darse cuenta del significado.

La esencia del siguiente control es que el control tiene en cuenta el matiz existente. Y teniendo en cuenta que, desde su parte interesada, hay un numero infinito de acciones, en realidad como si los conflictos allí, como regia, en principio, no existen. Aqui es necesario tener en cuenta esta position: ¿Por qué Dios no está en conflicto consigo mismo? Toma esa cuestión infinita de Dios, aunque El, entonces, puede ser considerado localmente, ¿sí? Pero Sus acciones son infinitas. Si hubiera incluso un conflicto real allí entre los elementos vecinos de la esencia de Dios, entonces la construcción del microcosmos, ¿sí? Ello podría existir, bueno no en esa forma, al menos en esa forma.

Es decir, resulta que Dios tiene una estructura como si fuera la ausencia absoluta de los sistemas de conflicto, debido al hecho de que todo es alcanzable en Su position en el nivel eterno de la vida. Simplemente le da a la gente que aprenda como crear un numero infinito de objetivos de realización, basándose en el hecho de que el espacio de información es infinito, el espacio de pensamiento es infinito. Pero el hombre se percibe a si mismo allí, por ejemplo, se percibe a si mismo a través de la estructura del entorno infinito. Es decir, el ya pasa a través de la cognición y la comprensión del infinito.

En consecuencia, resulta que es necesario identificar como tal un factor en el objetivo de control. Aquí resulta que el hombre primero debe considerar como comprender el infinito, pero como si fuera incondicional, ¿sí? Es decir, a través de su impulso de control; el objetivo del control contiene conocimiento. Aquí es un tipo de concepto bastante sutil, pero bastante simple tecnológicamente. Ese es el objetivo del control. Para esto, es necesario tener en cuenta: ¿A donde se mueve su impulso óptico? ¿dónde está el infinito como si lo dominaran, ¿sí? ¿Y cómo va el impulso en dirección a su objetivo desde este infinito? Nosotros decimos, existe solo un cierto ángulo de la reflexión óptica.

Y cuando lo visualizas, entonces, primero significa que tu objetivo se cumple en la perspectiva del tiempo infinito, y en segundo lugar, se vuelve más estable. Pero lo principal aquí, es que comienzas a poseer las propiedades de una cierta plasticidad, porque cuando transfiere este conocimiento del infinito a la estructura del control de objetivos, el objetivo comienza a ser dinámico en la implementación. Quiero decir que no es un sistema estático, es un sistema que puede pasar por alto la pared, terminar de construir algo allí y así sucesivamente. Esto es dinámico. Esto ya es de nuevo el sistema de desarrollo infinito. Donde existe la dinámica, entonces están los elementos de la eternidad.

Y cuando empezamos a considerar un objetivo como in sistema, bueno, como si incluso se desarrollara de manera autónoma. Por eso, queda claro por qué es necesario educar a las personas exactamente sobre el desarrollo eterno al llevar a cabo el control, ¿sí? entonces, de hecho, una cantidad infinita de conocimiento, soluciones emergen allí, y siempre algunos sistemas mutuamente aceptables coincidirán con los dos elementos del infinito, ¿sí? Y resulta que, en este estado, estamos tratando con el nivel ese aprendizaje: como tal. ¿Por qué Dios enseña a las personas todo el tiempo allí, ¿sí? Informa los elementos de la realidad, porque este es un sistema de desarrollo sostenible, en términos generales.

Y cuanto más conocimiento, más estable, más específico es, y más personas tienen este conocimiento particular. Es un desarrollo más específico en la dirección de la Eternidad. Aqui quiero resaltar el desarrollo no solo como si mismo. Y sino es tomar y dar, por ejemplo, esta cantidad infinita de conocimiento a un grupo de personas, obtienen algún conocimiento que se implementa, ¿sí? Por ejemplo, tú quieres, simplemente estar caminando por la acera, pensamientos tienen a ti ¿Por qué yo, resalto definitivamente el pavimento? Quiero decir, este es el espacio exterior. Las personas pueden ser completamente diferentes. Y eso es armonía, en ese momento.

Y luego estableces el control para ti mismo, aunque puedes asignar un pensamiento a cualquier otro entorno. Pero el otro entorno puede ser inicialmente armonioso, porque lo has regulado bien, como si fuera para ti mismo. (Tu) lo estabas haciendo incluso, ya que resulta que no es la regulación, sino como un "RE" toque, donde puedes usar los sistemas muy sutiles del Alma. Quiero decir, por ejemplo: Si usamos ese tipo de control, ¿sí? ¿Qué significa la palabra RE, Significa, ¿sí? Esa es la palabra, supongamos que tenemos a los otros como "desde", ¿sí? "de algo", como "de Dios", ¿sí? Si tenemos "desde", pero "de Dios", entonces obtenemos todo el conocimiento, pero si tenemos "de" llamando literalmente las dos primeras letras de la palabra, no podemos entender el significado de la palabra, mientras que no terminamos.

Es decir, tenga en cuenta que muchos controles se realizan de inmediato. Y el nivel de control se realiza por el hecho de que, bueno, la palabra "RE", por ejemplo, puede haber "Reconstrucción" o cualquier otro significado de palabras. Pero cuando ves al principio de la palabra su acción final, ves que la palabra comienza a coincidir con el sistema de realidad. La adición de algunas formas de sonido, algunos elementos del control externo o simplemente formas simples allí, palabras simples, crea un nivel de control tal, que una palabra simple puede funcionar como un nivel de una palabra compleja. Es por eso que se puede considerar, para reducir las primeras letras en el discurso, ¿sí? Por ejemplo, el nombre del interesado y así sucesivamente. Porque allí se conoce el resto.

Y cuando tomamos la forma sonora de la salida de la comprensión del hombre, al siguiente nivel de desarrollo, es decir, el hombre solo se enfrenta a la información y obtiene el control al mismo tiempo, luego vemos que el Alma de Dios ya está en la forma obvia, como si se manifestara, básicamente, interactúa muy estrechamente ion el Alma del hombre, en primer lugar, en la estructura del cuerpo para el hombre, que es la creación del nivel de alud en tiempo real. Y cuando el nivel canónico se identifica precisamente en el desarrollo eterno, vemos pie el hombre realmente construye todo con sus propias manos. Ya que, por ejemplo, el sistema inmunitario humano memoriza algunos sistemas y regula, así como el hombre por sí mismo, puede regular el sistema de eventos, considerando el siguiente desarrollo como un sistema conectado con él.

Ahí está Dios, teniendo un cuerpo humano físico, El todavía creo el mundo infinito y está conectado con: cualquier elemento del mundo. Resulta que, al salir de: esto, puede ver el siguiente sistema de desarrollo como al, por ejemplo, que todos os eventos están vinculados contigo, y tú eres un creador directo de eventos, incluyendo, por ejemplo, algunas cosas que solo tu totalmente has creado personalmente. Y cuando empiezas a ver el control de Dios y lo haces por ti mismo, resulta que, de hecho, este es realmente el evento creado específicamente por ti, incluso un segmento.

Tan pronto como empiezas a ver este sistema de: control, bueno, el que se dirige hacia el infinito, es decir, empiezas a ver que todos los eventos que vienen de ti tienen un estado relacionado contigo, incluso. Además, y en general todos los eventos, no solo los que vienen de ti, entonces el objetivo es absolutamente inequívoco, implementado. Y, además, el control de objetivos se implementa al mismo tiempo.

Del mismo modo que el cuerpo tiene los órganos de control en el lado del Alma, lo mismo esta aqui: Introduces el nivel de tal macro - control universal, en la lógica de control - y el objetivo es, entonces, seguro. Además, se consigue de forma armoniosa y en general, y siempre en el aspecto universal. Por lo tanto, en este caso, incluso a menudo aqui, una vez más para llevar a cabo el control de macros. Incluso no es necesario, porque ya ve de inmediato como lo lleva a cabo. Puedes ver inmediatamente que ya ha realizado el control macro y está llevando a cabo el control. Entonces, en general, todo será absolutamente armonioso. Y siempre controlara perfectamente la esencia macro, considerando las situaciones favorables prometedoras para ti, y así sucesivamente.

Aquí termino el seminario de hoy. Muchas gracias por su atención.

Notas:

Notas:

Notas:

Notas:

Notas:

Notas:

Notas:

Notas:

Notas:

Made in the USA
Las Vegas, NV
07 March 2021